PROFESSOR HONIGSCHWAMM

Professor Honigschwamm, der Lehrer der Krumpflingskinder, hat eine heiße Leidenschaft für kaltes Zitroneneis. Im Unterricht muss er seinen Schülern alles zweimal sagen. Aber ist das nur bei den Krumpflingen so?

OMA KRUMPFLING

Oma Krumpfling ist die Chefin der Krumpflinge. Sie sammelt Handtaschen und spielt gerne auf dem Handy. Oft wirkt sie etwas mürrisch, aber das täuscht: Für ihre Krumpflinge würde sie alles tun!

EGON

Egon, der Krumpfling mit dem Herzchen-fleck im Fell, wohnt in der roten Gieß-kanne, pflegt eine heimliche Freundschaft mit einem Menschenkind namens Albi und ist der netteste Krumpfling der Welt!

GAGA

Gaga wuchs in einer Krumpfnuss heran und wurde am Anfang aus Versehen mit Buchstabensuppe gedüngt … Deswegen verwechselt das Krumpflings-Baby beim Sprechen die Buchstaben. Jedenfalls lässt es seiner großen Familie kaum eine ruhige Minute. Die Welt ist doch so aufregend, dass Gaga sie Tag UND Nacht erkunden will!

Annette Roeder

Die Krumpflinge

Gute Nacht, kleiner Gaga!

Mit Bildern von Barbara Korthues

cbj

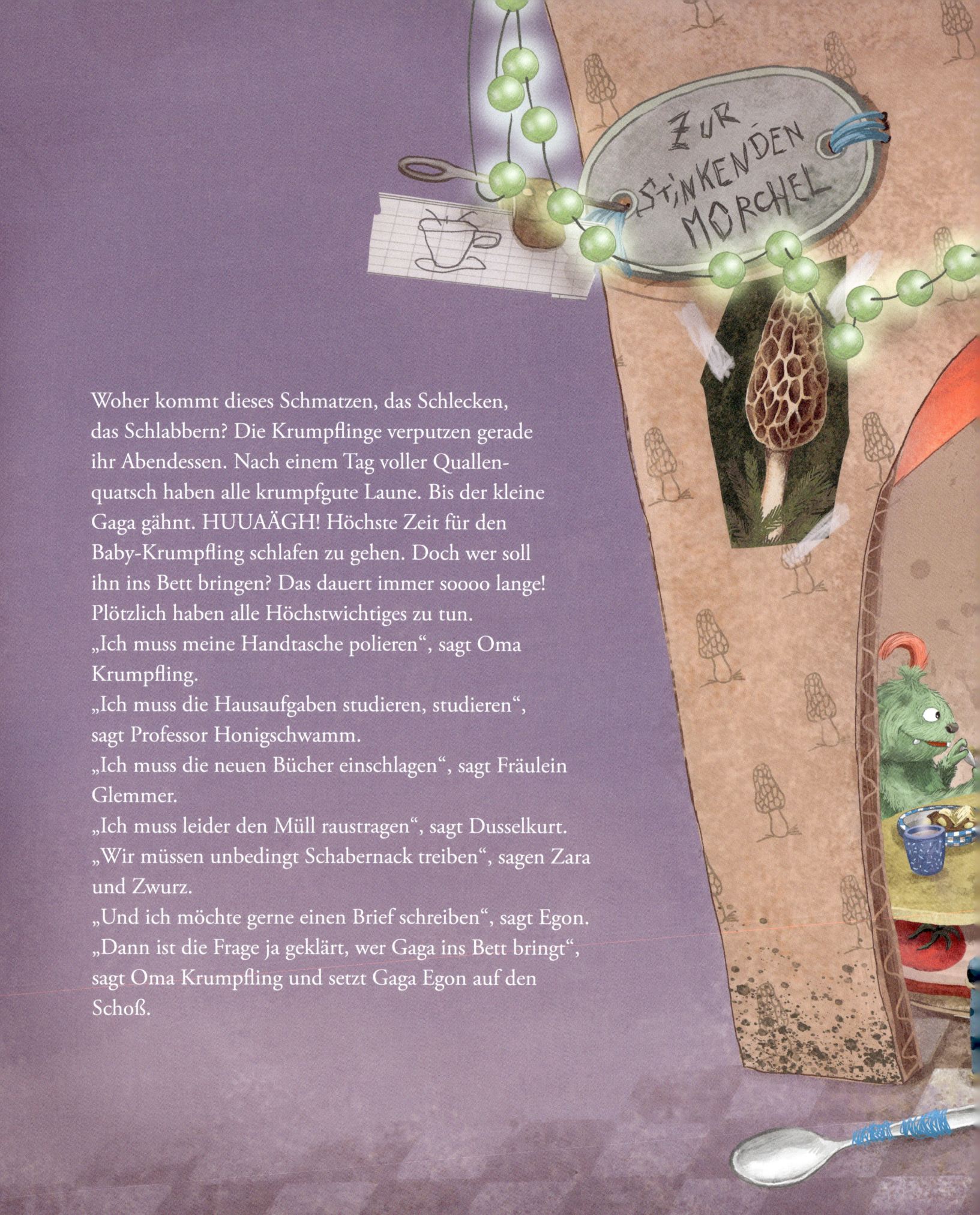

Woher kommt dieses Schmatzen, das Schlecken, das Schlabbern? Die Krumpflinge verputzen gerade ihr Abendessen. Nach einem Tag voller Quallenquatsch haben alle krumpfgute Laune. Bis der kleine Gaga gähnt. HUUAÄGH! Höchste Zeit für den Baby-Krumpfling schlafen zu gehen. Doch wer soll ihn ins Bett bringen? Das dauert immer soooo lange! Plötzlich haben alle Höchstwichtiges zu tun.

„Ich muss meine Handtasche polieren", sagt Oma Krumpfling.

„Ich muss die Hausaufgaben studieren, studieren", sagt Professor Honigschwamm.

„Ich muss die neuen Bücher einschlagen", sagt Fräulein Glemmer.

„Ich muss leider den Müll raustragen", sagt Dusselkurt.

„Wir müssen unbedingt Schabernack treiben", sagen Zara und Zwurz.

„Und ich möchte gerne einen Brief schreiben", sagt Egon.

„Dann ist die Frage ja geklärt, wer Gaga ins Bett bringt", sagt Oma Krumpfling und setzt Gaga Egon auf den Schoß.

Oma Krumpfling ist die Bestimmerin in der Krumpfburg! Also bringt Egon Gaga in seinen Lampion und putzt ihm die beiden Hackezähnchen. Von vorne und hinten und oben bis unten. Dann bettet er ihn in seinen Schlafsack und singt ihm ein Schlaflied. Zwei Schlaflieder. Drei … Ein Glupschauge von Gaga fällt zu.

„Gute Nacht, Gaga!", sagt Egon leise und gibt Gaga ein Bussi aufs flauschgrüne Bäckchen.

„Gate Nucht, Egon!", sagt Gaga, und klappt das zweite Glupschauge zu.

Im Schlaf ist der Baby-Krumpfling so niedlich wie ein puscheliges Engelchen! Egon löscht lächelnd das Licht und hopst rüber in seine Gießkanne. Dort liegen Papier und Bleistiftstummel schon bereit.

Egon will einen lustigen Brief an seinen Menschenfreund Albi schreiben. Denn der ist krank und langweilt sich in seinem Bett.

Doch Egon kann nicht nachdenken …

„Egon! Kamm mol!", ruft Gaga.

„Oh!", seufzt Egon und hopst los.

Gagas kugelrunde Glupschaugen leuchten wie kleine Monde.

„Gaga so nicht kann anschleifen", sagt Gaga.

„Warum? Was fehlt dir denn?", fragt Egon besorgt.

„Gaga braucht seine Schnullis zum Schlofan", sagt Gaga. „Ella fünf Schlufschnallis!"

Das kann Egon gut verstehen! Als er so klitzeklein war, da konnte er nur mit seiner Plüschhummel gut einschlafen. Er schaut sich überall um. Zuletzt kramt er die fünf Schnuller aus den Tiefen des Schlafsacks hervor.

„Den grünen für den linken Fuß, den gelben für die linke Pfote, den lilanen für den rechten Fuß, ins rechte Pfötchen kommt der rote. Und nun schau", sagt Egon und schiebt Gaga den letzten Schnuller in den Mund. „Das Mäulchen schnullert blau. Gute Nacht, Gaga!"

Gaga nuckelt zufrieden. Dann klappt er beide Glupschaugen zu. Egon gibt Gaga ein Bussi aufs flauschgrüne Bäckchen, löscht das Licht und hopst zurück in seine Gießkanne.

Jetzt aber schnell eine lustige Geschichte für Albi aufschreiben! Den Brief
möchte Egon nämlich noch heute hinauf zum Kinderzimmer bringen
und unter der Tür durchschieben. Doch Egon kann nicht nachdenken …

„Egon! Kamm noch mol!", schreit Gaga.

„Oh", seufzt Egon und hopst los.

Gagas kugelrunde Glupschaugen funkeln wie Sterne.

„Gaga so nicht kann enschleifan!", sagt Gaga.

„Warum? Was steht denn jetzt noch an?", fragt Egon.

„Gaga will allen Gate Nucht sagen!", sagt Gaga.

Auch das kann Egon gut verstehen. Als er so klitzeklein war, da konnte er
nur einschlafen, wenn er sich von jederkrumpf verabschiedet hatte.

„Steig auf, ich werde dich Huckepack tragen", sagt Egon.

Gaga klettert haselmausflink aus dem Schlafsack und auf Egons Rücken.
Sein felliges Bäuchlein fühlt sich weich wie Zuckerwatte an.

„Gut festhalten!", sagt Egon und hopst los.

Oma Krumpfling wird nie gern gestört. Und jetzt erst recht nicht! Beinahe hätte sie das Spiel gewonnen. Möglichst unauffällig schiebt sie das Handy beiseite, als sie ihren Besuch entdeckt. „Krumpfknoblauchkäsefuß!", schimpft sie. „Ich habe Dringendes zu tun und es ist schon längst nach spät! Warum ist Gaga nicht im Bett?" Egon legt die Löffelohren an. Das Donnerwetter geht bestimmt noch weiter! Doch Gaga lässt sich von der Chefin der Krumpflinge nicht so leicht erschrecken. Der Kleine springt wie ein Flummi durch Oma Krumpflings Höhle, beißt in jeden Lockenwickler und verknotet das Ladekabel. Dann macht er einen Purzelbaum und landet flugflix in Oma Krumpflings Armen. Da schmilzt selbst Oma Krumpfling wie Schlagsahne in der Sonne.

„Gate Nucht, Oma Krimpflung", sagt Gaga.

„Gute Nacht, Gaga!", sagt Oma Krumpfling und gibt Gaga ein Bussi aufs flauschgrüne Bäckchen.

In der Schulschachtel brennt noch Licht. Professor Honigschwamm versteckt den Löffel möglichst unauffällig unter seinem Federmäppchen und schluckt hastig den letzten Happs Eis herunter.

„Egon und Gaga! Was muss ich da sehen, da sehen?", sagt er streng.

„Ich weiß, Gaga sollte schon längst in sein Bett gehen", sagt Egon.

Doch Gaga will nicht hören, was der Professor den beiden jüngsten Krumpflingen nun über die Notwendigkeit von ausreichendem Schlaf erklärt. Er wirbelt die Hefte aus der Tasche und wirft den Tafelschwamm gegen Egons Ohr. Dann springt er auf das Lehrerpult und macht einen Salto in Professor Honigschwamms Arme. Da schmilzt selbst Professor Honigschwamm wie sein Zitroneneis im Schälchen.

„Gate Nucht, Professor Hanigschwomm!", sagt Gaga.

„Gute Nacht, Gaga!", sagt Professor Honigschwamm und gibt Gaga ein Bussi aufs flauschgrüne Bäckchen.

Wie sieht es denn in der Bücherei aus? Überall auf dem Boden liegen die wertvollen Bücher verstreut. Und keines davon hat einen Umschlag zum Schutz! Egon findet die Unordnung eigentlich sehr gemütlich. Er schnappt sich ein Lexikon und blättert sofort in den Seiten. Gaga baut lieber einen Turm aus den restlichen Büchern. PADÖMM, fällt der Turm um. Erschreckt schaut Fräulein Glemmer auf und legt ihren Roman zur Seite.

„Oha! Da ist ja später Besuch!", sagt sie. „Braucht Gaga zum Einschlafen etwa ein Buch?"

Gaga hüpft in einem hohen Bogen auf ihren Schoß und kuschelt sich an sie. Da schmilzt Fräulein Glemmer wie eine Bienenwachskerze am Weihnachtsbaum. Sie liest Gaga und Egon ein Märchen vor.

„Gate Nucht, Freiläun Glemmer!", sagt Gaga.

„Gute Nacht, Gaga!", sagt Fräulein Glemmer und gibt Gaga ein Bussi aufs flauschgrüne Bäckchen.

Dem Dusselkurt ist wie so oft der Müll runtergefallen. Beim Aufsammeln hat er sich den Kopf gestoßen und dann einen Nachtfalter entdeckt. Nun bewundert er die bunten Flügel des Insekts. Doch als ihn Egon und Gaga begrüßen, fällt ihm seine Aufgabe wieder ein. „Ich bin so ein trolldummer Trampelgesell!", sagt er.

„Wenn ich dir helfe, geht es doch schnell", sagt Egon. Gaga hilft auch ein bisschen mit.

„Danke! Jetzt kann ich den Müll gleich zum Kompost tragen", sagt Dusselkurt.

„Warte! Gaga möchte dir erst noch was sagen!", sagt Egon.

Bevor Dusselkurt die Tonne hochheben kann, springt Gaga los. Dusselkurt fängt ihn im Flug. Er wiegt den Kleinen in seinen starken Armen. Dabei schmilzt er wie ein alter Camembert im Käseladen.

„Gate Nucht, Dussulkert!", sagt Gaga.

„Gute Nacht, Gaga!", sagt Dusselkurt und gibt Gaga ein Bussi aufs flauschgrüne Bäckchen.

Zara und Zwurz haben immer krumpfgute Ideen! Sie klettern wie die Eichhörnchen bis in die höchsten Höhen der Krumpfburg. Von dort lassen sie nasse Socken auf die anderen fallen.

„Wollt ihr mit uns Quatschmatsch machen und etwas hierbleiben?", rufen sie.

Gaga würde gerne. Und Egon eigentlich auch. Doch jetzt ist nicht die Zeit dazu!

„Nein danke! Ich möchte doch einen Brief schreiben!", ruft Egon.

„Und Gaga gehört nun wirklich ins Bett."

Egon erwischt Gaga gerade noch am Fuß. Der Kleine will auf
einen Kaktus türmen. Doch daraus wird nichts. Gleich darauf
schmiegt sich Gaga wieder an Egons Rücken und legt ihm von
hinten die Pfötchen um den Hals.
„Gate Nucht, Zara! Gate Nucht, Zwurz!", ruft Gaga den Zwillingen zu.
„Gute Nacht, Gaga!", rufen Zara und Zwurz. Bussis gibt es von ihnen nicht.
Nicht mal aufs flauschgrüne Bäckchen. Denn Küssen finden sie ekelig!

MELLI

Gaga hat allen Krumpflingen „Gute Nacht" gesagt. Ganz brav lässt er sich von Egon zurück in seine Höhle bringen. Dort bettet Egon den Baby-Krumpfling sanft in seinen Schlafsack. Gagas Glupschaugen schimmern wie Mitternachtsnebel. Und schon klappen sie zu.
„Gate Nucht, Egon", flüstert Gaga.
„Gute Nacht, Gaga", sagt Egon
und gibt Gaga eine Bussi aufs
flauschgrüne Bäckchen.

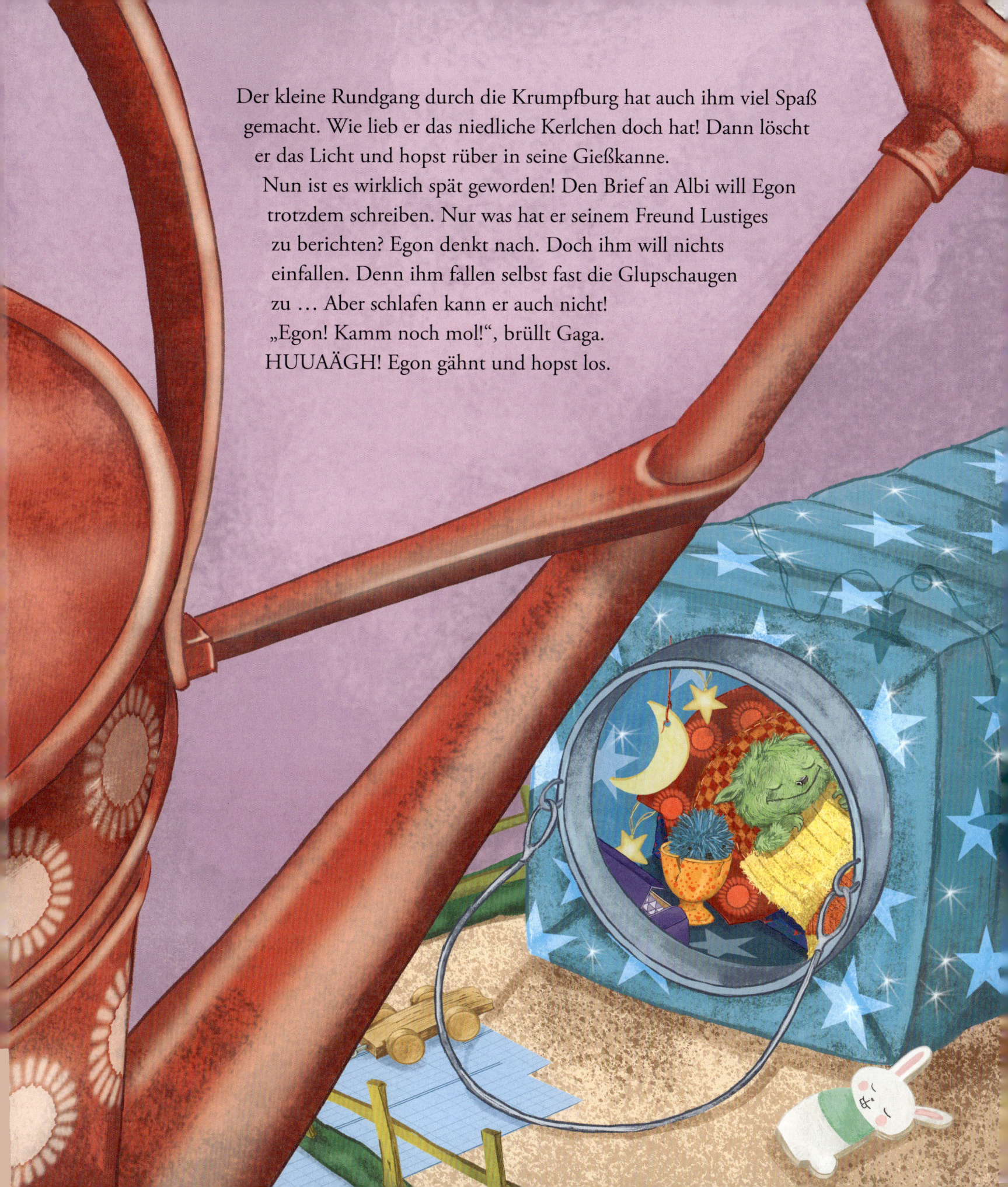

Der kleine Rundgang durch die Krumpfburg hat auch ihm viel Spaß
gemacht. Wie lieb er das niedliche Kerlchen doch hat! Dann löscht
er das Licht und hopst rüber in seine Gießkanne.
  Nun ist es wirklich spät geworden! Den Brief an Albi will Egon
trotzdem schreiben. Nur was hat er seinem Freund Lustiges
zu berichten? Egon denkt nach. Doch ihm will nichts
einfallen. Denn ihm fallen selbst fast die Glupschaugen
zu … Aber schlafen kann er auch nicht!
  „Egon! Kamm noch mol!", brüllt Gaga.
HUUAÄGH! Egon gähnt und hopst los.

Gagas Glupschaugen blitzen wie Wetterleuchten.
„Warum schläfst du denn diesmal nicht ein?", fragt Egon.
„Ohne Schnullis kann Gaga doch nicht anschlefein!", sagt
Gaga.
Das kann Egon schon verstehen. Doch in Gagas Schlafsack
sind die Schnuller diesmal nicht zu finden. Und in seiner
Höhle auch nicht … Egon kratzt sich am Haarschöppel.
Wo sind sie denn dann?
„Du Dummtropfnase!", ruft Gaga und lacht. „Die Schnullis
hat Gaga beim Gatenucht-Sagen verleron. Ella fünf Schlif-
schnallus!"
Dabei grinst er von einem Löffelöhrchen zum anderen. Er
klettert haselmausflink aus dem Schlafsack und auf Egons
Rücken. Sein felliges Bäuchlein fühlt sich weich wie Küken-
daunen an.
Egon kichert nun selbst wie ein Lachgummi. Plötzlich fühlt
er sich wieder putzmunter. Mit Gaga wird es immer lustig.
„Dann müssen wir deine Schnullis wohl suchen. Du
hilfst mir doch sicher gerne dabei!", ruft Egon und
hopst los.

Egon und Gaga flitzen flugflix durch die ganze Krumpfburg. Sie sammeln die fünf bunten Schnullis überall ein, wo Gaga sie verloren hat. Wirklich verloren? Oder hat der Baby-Krumpfling sie vielleicht ein bisschen absichtlich versteckt, um länger wach zu bleiben und die Welt noch ein bisschen länger zu erkunden? Das will er Egon nicht verraten. Aber das muss er auch gar nicht. Weil Egon ihn nicht danach fragt. Kurz darauf liegt Gaga schon wieder friedlich in seinem Schlafsack.

Den grünen Schnulli hält er mit dem linken Fuß, den gelben in der linken Pfote, den lilanen mit dem rechten Fuß, im rechten Pfötchen steckt der rote. Und schau: Das Mäulchen schnullert blau! Bei dem niedlichen Anblick geht Egon das Herz auf wie ein Gugelhupf.

„Gute Nacht, kleiner Gaga!", sagt Egon zärtlich.

Der blaue Schnulli fällt aus Gagas Mäulchen. Dann murmelt der Kleine: „Gate Nucht, alle zasummen!"

Lieber Albi,
stell Dir vor, was heute Lustiges passiert ist: Die Krumpflinge saßen im Gasthaus „Zur Stinkenden Morchel" und verputzten ihr Abendessen. Nach einem Tag voller Quallenquatsch hatten alle krumpfgute Laune. Bis der kleine Gaga gähnte. Höchste Zeit für den Baby-Krumpfling ins Bett zu gehen...